THIS JOURNAL BELONGS TO:

____

____

want a freebie?!?!

email us at
contact@thephatdad.com

title the email “GRATITUDE” and we’ll send you something fun!

visit us at thephatdad.com

ISBN: 978-1-7382756-9-4

forward

Hello!

In the rush of our daily lives, we often miss the beauty hidden in the ordinary. This journal isn't just a book; it's an invitation to explore your life with fresh eyes. What moments bring you joy? What small victories make your heart sing? Through carefully crafted prompts, we guide you to uncover the tapestry of gratitude woven into your everyday experiences. As you delve into these pages, consider this not just a journal but a tool to teach yourself the art of happiness, one question at a time. What are you grateful for today? The answers may surprise you, unveiling a richer, more fulfilling life right in the midst of your daily routine. This is your space. Own it. Embrace it.

To strength, faith, and the warrior within.

Jordan

Starting today, stop keeping track of all the mistakes you've ever made. It's time to forgive yourself and start being your own best friend.

DATE ___ / ___ / ___
Mo Tu We Th Fr Sa Su

I am grateful for ...

moments that made me smile today ...

DATE ___ / ___ / ___
Mo Tu We Th Fr Sa Su

I am looking forward to ...

a good thing I did for someone else today ...

DATE ___ / ___ / ___
Mo Tu We Th Fr Sa Su

I am thankful for ...

I am proud of myself for ...

DATE ___ / ___ / ___
Mo Tu We Th Fr Sa Su

I can improve on yesterday by ...

people I loved talking to today ...

DATE ___ / ___ / ___
Mo Tu We Th Fr Sa Su

I appreciate these people in my life ...

things I did for “me” today ...

If you need a confidence booster, then remind yourself of all the difficult things you've endured and overcome.

DATE ___ / ___ / ___
Mo Tu We Th Fr Sa Su

I am grateful for ...

moments that I appreciated today ...

DATE ___ / ___ / ___
Mo Tu We Th Fr Sa Su

I am looking forward to ...

a new thing that happened to me today ...

DATE ___ / ___ / ___
Mo Tu We Th Fr Sa Su

I am thankful for ...

something nice that somebody did for me today ...

DATE ___ / ___ / ___
Mo Tu We Th Fr Sa Su

I can improve on yesterday by ...

today, I demonstrated kindness by ...

DATE ___ / ___ / ___
Mo Tu We Th Fr Sa Su

I appreciate these people in my life ...

music that made me "feel" today ...

Don't compare your progress with that of others. After all, we all need our own time to travel our own distance.

DATE ___ / ___ / ___
Mo Tu We Th Fr Sa Su

I am grateful for ...

things that made me happy today ...

DATE ___ / ___ / ___
Mo Tu We Th Fr Sa Su

I am looking forward to ...

relaxing moments I had today ...

DATE ___ / ___ / ___
Mo Tu We Th Fr Sa Su

I am thankful for ...

an act of kindness that I witnessed or experienced...

DATE ___ / ___ / ___
Mo Tu We Th Fr Sa Su

I can improve on yesterday by ...

today's small victory was ...

DATE ___ / ___ / ___
Mo Tu We Th Fr Sa Su

I appreciate these people in my life ...

the most meaningful connection or interaction I had today ...

Surround yourself with those that bring out the best in you... not the stress in you.

DATE ____ /____ /______
Mo Tu We Th Fr Sa Su

I am grateful for ...

today's act of self-care that I appreciated was ...

DATE ____ /____ /______
Mo Tu We Th Fr Sa Su

I am grateful for ...

the highlight of my day was ...

DATE ___ / ___ / ___
Mo Tu We Th Fr Sa Su

I am thankful for ...

something beautiful I observed today was ...

DATE ___ / ___ / ___
Mo Tu We Th Fr Sa Su

I can improve on yesterday by ...

a kind word that made an impact on me today was ...

DATE ___ / ___ / ___
Mo Tu We Th Fr Sa Su

I appreciate these people in my life ...

a positive habit or behavior I exhibited today was ...

Bad news is:
you cannot make people like, love, understand, validate, accept or be nice to you.
Good news is: it doesn't matter.

DATE ____ / ____ / ____
Mo Tu We Th Fr Sa Su

I am grateful for ...

new thing I tried today ...

DATE ____ / ____ / ____
Mo Tu We Th Fr Sa Su

I am looking forward to ...

moment from today that I'd like to have again ...

DATE ___ / ___ / ______
Mo Tu We Th Fr Sa Su

I am thankful for ...

funny moments from today ...

DATE ___ / ___ / ______
Mo Tu We Th Fr Sa Su

I can improve on yesterday by ...

nice things I heard today ...

DATE ___ / ___ / ______
Mo Tu We Th Fr Sa Su

I appreciate these people in my life ...

people I am grateful for today ...

Hope is one of the most powerful emotions a person can have. Combine it with determination and there's no stopping you.

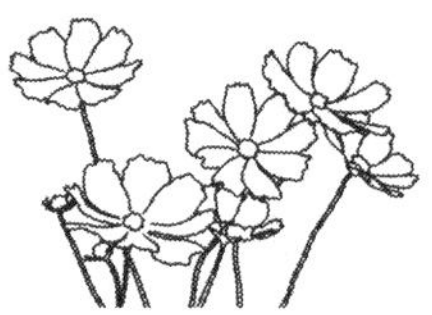

DATE ___/___/___
Mo Tu We Th Fr Sa Su

I am grateful for ...

unique things about today ...

DATE ___/___/___
Mo Tu We Th Fr Sa Su

I am looking forward to ...

nice smells from today ...

DATE ___ / ___ / ______
Mo Tu We Th Fr Sa Su

I am thankful for ...

foods I enjoyed eating today ...

DATE ___ / ___ / ______
Mo Tu We Th Fr Sa Su

I can improve on yesterday by ...

things that made me feel good today ...

DATE ___ / ___ / ______
Mo Tu We Th Fr Sa Su

I appreciate these people in my life ...

moments that made me laugh today ...

. . . looking back over the last 30 days

0 1 2 3 4 5 6 7 8 9 10 On a scale of 0 to 10, rate your HAPPINESS for the past 30 days.
(circle one)

☐ I tried something new this month. ☐ I did not get angry this month. ☐ I did something for ME this month.

favorite moments ...

a moment of self care ...

what did I learn ...

a plan for the next month . . .

top three goals and priorities for the next 30 days ...

one thing to improve ...

looking forward to ...

slow progress is better than no progress

a promise to myself ...

Sunshine Thoughts

draw or doodle something that's on your mind!

"This is a wonderful day.
I have never seen this one before."

- Maya Angelou

Don't be afraid to fail. Be afraid not to try.

DATE ___ /___ /___
Mo Tu We Th Fr Sa Su

I am grateful for ...

moments that made me smile today ...

DATE ___ /___ /___
Mo Tu We Th Fr Sa Su

I am looking forward to ...

a good thing I did for someone else today ...

DATE ___ / ___ / ___

Mo Tu We Th Fr Sa Su

I am thankful for ...

I am proud of myself for ...

DATE ___ / ___ / ___

Mo Tu We Th Fr Sa Su

I can improve on yesterday by ...

people I loved talking to today ...

DATE ___ / ___ / ___

Mo Tu We Th Fr Sa Su

I appreciate these people in my life ...

things I did for “me” today ...

"Gratitude is riches. Complaint is poverty."

— Doris Day

DATE ___ /___ /_____
Mo Tu We Th Fr Sa Su

I am grateful for ...

moments that I appreciated today ...

DATE ___ /___ /_____
Mo Tu We Th Fr Sa Su

I am looking forward to ...

a new thing that happened to me today ...

DATE ____ /____ /______
Mo Tu We Th Fr Sa Su

I am thankful for ...

something nice that somebody did for me today ...

DATE ____ /____ /______
Mo Tu We Th Fr Sa Su

I can improve on yesterday by ...

today, I demonstrated kindness by ...

DATE ____ /____ /______
Mo Tu We Th Fr Sa Su

I appreciate these people in my life ...

music that made me “feel” today ...

You are never too old to set another goal or to dream a new dream.

DATE ___ /___ /______
Mo Tu We Th Fr Sa Su

I am grateful for ...

things that made me happy today ...

DATE ___ /___ /______
Mo Tu We Th Fr Sa Su

I am looking forward to ...

relaxing moments I had today ...

DATE ___ / ___ / ___
Mo Tu We Th Fr Sa Su

I am thankful for ...

an act of kindness that I witnessed or experienced...

DATE ___ / ___ / ___
Mo Tu We Th Fr Sa Su

I can improve on yesterday by ...

today's small victory was ...

DATE ___ / ___ / ___
Mo Tu We Th Fr Sa Su

I appreciate these people in my life ...

the most meaningful connection or interaction I had today ...

"Wake up determined, go to bed satisfied."

— Dwayne "The Rock" Johnson

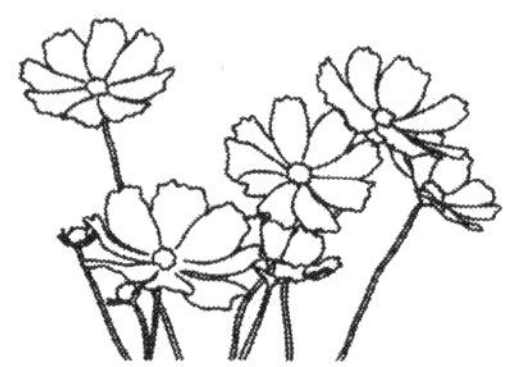

DATE ___ / ___ / ___

Mo Tu We Th Fr Sa Su

I am grateful for ...

today's act of self-care that I appreciated was ...

DATE ___ / ___ / ___

Mo Tu We Th Fr Sa Su

I am grateful for ...

the highlight of my day was ...

DATE ___ / ___ / ___
Mo Tu We Th Fr Sa Su

I am thankful for ...

something beautiful I observed today was ...

DATE ___ / ___ / ___
Mo Tu We Th Fr Sa Su

I can improve on yesterday by ...

a kind word that made an impact on me today was ...

DATE ___ / ___ / ___
Mo Tu We Th Fr Sa Su

I appreciate these people in my life ...

a positive habit or behavior I exhibited today was ...

*Someday, everything will make sense.
So for now, laugh at the confusion,
smile through the tears,
and keep reminding yourself that
everything happens for a reason.*

DATE ___ / ___ / ___
Mo Tu We Th Fr Sa Su

I am grateful for ...

new thing I tried today ...

DATE ___ / ___ / ___
Mo Tu We Th Fr Sa Su

I am looking forward to ...

moment from today that I'd like to have again ...

DATE ____ / ____ / ____
Mo Tu We Th Fr Sa Su

I am thankful for ...

funny moments from today ...

DATE ____ / ____ / ____
Mo Tu We Th Fr Sa Su

I can improve on yesterday by ...

nice things I heard today ...

DATE ____ / ____ / ____
Mo Tu We Th Fr Sa Su

I appreciate these people in my life ...

people I am grateful for today ...

*Remember,
breakdowns can create breakthroughs.
Sometimes, things fall apart
so that other things can fall together.*

DATE ___/___/___
Mo Tu We Th Fr Sa Su

I am grateful for ...

unique things about today ...

DATE ___/___/___
Mo Tu We Th Fr Sa Su

I am looking forward to ...

nice smells from today ...

DATE ___ / ___ / ___
Mo Tu We Th Fr Sa Su

I am thankful for ...

foods I enjoyed eating today ...

DATE ___ / ___ / ___
Mo Tu We Th Fr Sa Su

I can improve on yesterday by ...

things that made me feel good today ...

DATE ___ / ___ / ___
Mo Tu We Th Fr Sa Su

I appreciate these people in my life ...

moments that made me laugh today ...

. . . looking back over the last 30 days

0 1 2 3 4 5 6 7 8 9 10 On a scale of 0 to 10, rate your HAPPINESS for the past 30 days.
(circle one)

☐ I tried something new this month. ☐ I did not get angry this month. ☐ I did something for ME this month.

favorite moments ...

a moment of self care ...

what did I learn ...

a plan for the next month . . .

top three goals and priorities for the next 30 days ...

one thing to improve ...

looking forward to ...

nothing changes
if
nothing changes

a promise to myself ...

Sunshine Thoughts

draw or doodle something that's on your mind!

"If my mind can conceive it,
if my heart can believe it,
then I can achieve it."

- Muhammad Ali

Please remember that having a bad day does not mean you have a bad life.

DATE ___ / ___ / _____
Mo Tu We Th Fr Sa Su

I am grateful for ...

moments that made me smile today ...

DATE ___ / ___ / _____
Mo Tu We Th Fr Sa Su

I am looking forward to ...

a good thing I did for someone else today ...

DATE ____ / ____ / ______
Mo Tu We Th Fr Sa Su

I am thankful for ...

I am proud of myself for ...

DATE ____ / ____ / ______
Mo Tu We Th Fr Sa Su

I can improve on yesterday by ...

people I loved talking to today ...

DATE ____ / ____ / ______
Mo Tu We Th Fr Sa Su

I appreciate these people in my life ...

things I did for “me” today ...

"Almost everything will work again if you unplug it for a few minutes, including you."

— Anne Lamott

DATE ___ /___ /______
Mo Tu We Th Fr Sa Su

I am grateful for ...

moments that I appreciated today ...

DATE ___ /___ /______
Mo Tu We Th Fr Sa Su

I am looking forward to ...

a new thing that happened to me today ...

DATE ___ / ___ / ___
Mo Tu We Th Fr Sa Su

I am thankful for ...

something nice that somebody did for me today ...

DATE ___ / ___ / ___
Mo Tu We Th Fr Sa Su

I can improve on yesterday by ...

today, I demonstrated kindness by ...

DATE ___ / ___ / ___
Mo Tu We Th Fr Sa Su

I appreciate these people in my life ...

music that made me "feel" today ...

"When I started counting my blessings, my whole life turned around."

— Willy Nelson

DATE ___ /___ /______
Mo Tu We Th Fr Sa Su

I am grateful for ...

things that made me happy today ...

DATE ___ /___ /______
Mo Tu We Th Fr Sa Su

I am looking forward to ...

relaxing moments I had today ...

DATE ___ / ___ / ___
Mo Tu We Th Fr Sa Su

I am thankful for ...

an act of kindness that I witnessed or experienced...

DATE ___ / ___ / ___
Mo Tu We Th Fr Sa Su

I can improve on yesterday by ...

today's small victory was ...

DATE ___ / ___ / ___
Mo Tu We Th Fr Sa Su

I appreciate these people in my life ...

the most meaningful connection or interaction I had today ...

Enjoy the little things, for one day you may look back and realize they were the big things.

DATE ____ / ____ / ______
Mo Tu We Th Fr Sa Su

I am grateful for ...

today's act of self-care that I appreciated was ...

DATE ____ / ____ / ______
Mo Tu We Th Fr Sa Su

I am grateful for ...

the highlight of my day was ...

DATE ___ / ___ / ___
Mo Tu We Th Fr Sa Su

I am thankful for ...

something beautiful I observed today was ...

DATE ___ / ___ / ___
Mo Tu We Th Fr Sa Su

I can improve on yesterday by ...

a kind word that made an impact on me today was ...

DATE ___ / ___ / ___
Mo Tu We Th Fr Sa Su

I appreciate these people in my life ...

a positive habit or behavior I exhibited today was ...

"It is during our darkest moments that we must focus to see the light."
— Aristotle

DATE ___ / ___ / ___
Mo Tu We Th Fr Sa Su

I am grateful for ...

new thing I tried today ...

DATE ___ / ___ / ___
Mo Tu We Th Fr Sa Su

I am looking forward to ...

moment from today that I'd like to have again ...

DATE ___ / ___ / ___
Mo Tu We Th Fr Sa Su

I am thankfull for ...

funny moments from today ...

DATE ___ / ___ / ___
Mo Tu We Th Fr Sa Su

I can improve on yesterday by ...

nice things I heard today ...

DATE ___ / ___ / ___
Mo Tu We Th Fr Sa Su

I appreciate these people in my life ...

people I am grateful for today ...

He is a wise man who does not grieve for the things which he has not, but rejoices for those which he has.

DATE ___ /___ /_____
Mo Tu We Th Fr Sa Su

I am grateful for ...

unique things about today ...

DATE ___ /___ /_____
Mo Tu We Th Fr Sa Su

I am looking forward to ...

nice smells from today ...

DATE ___ / ___ / ___
Mo Tu We Th Fr Sa Su

I am thankful for ...

foods I enjoyed eating today ...

DATE ___ / ___ / ___
Mo Tu We Th Fr Sa Su

I can improve on yesterday by ...

things that made me feel good today ...

DATE ___ / ___ / ___
Mo Tu We Th Fr Sa Su

I appreciate these people in my life ...

moments that made me laugh today ...

. . . looking back over the last 30 days

0 1 2 3 4 5 6 7 8 9 10 On a scale of 0 to 10, rate your HAPPINESS for the past 30 days. (circle one)

☐ I tried something new this month. ☐ I did not get angry this month. ☐ I did something for ME this month.

favorite moments ...

a moment of self care ...

what did I learn ...

a plan for the next month . . .

top three goals and priorities for the next 30 days ...

one thing to improve ...

looking forward to ...

Make Yoyurself Proud

a promise to myself ...

Sunshine Thoughts

draw or doodle something that's on your mind!

Don't waste your time in
anger, regrets, worries & grudges.
Life is too short to be unhappy"

- Roy T. Bennett

"We must find time to stop and thank the people who make a difference in our lives."

— John F. Kennedy

DATE ___ / ___ / ___

Mo Tu We Th Fr Sa Su

I am grateful for ...

moments that made me smile today ...

DATE ___ / ___ / ___

Mo Tu We Th Fr Sa Su

I am looking forward to ...

a good thing I did for myself today ...

DATE ___ /___ /______
Mo Tu We Th Fr Sa Su

I am thankful for ...

I am proud of myself for ...

DATE ___ /___ /______
Mo Tu We Th Fr Sa Su

I can improve on yesterday by ...

people I loved talking to today ...

DATE ___ /___ /______
Mo Tu We Th Fr Sa Su

I appreciate these people in my life ...

things I did for "me" today ...

No-one ever injured their eyesight by looking on the bright side.

DATE ____/____/______
Mo Tu We Th Fr Sa Su

I am grateful for ...

moments that I appreciated today ...

DATE ____/____/______
Mo Tu We Th Fr Sa Su

I am looking forward to ...

a new thing that happened to me today ...

DATE ___ / ___ / ___
Mo Tu We Th Fr Sa Su

I am thankful for ...

something nice that somebody did for me today ...

DATE ___ / ___ / ___
Mo Tu We Th Fr Sa Su

I can improve on yesterday by ...

today, I demonstrated kindness by ...

DATE ___ / ___ / ___
Mo Tu We Th Fr Sa Su

I appreciate these people in my life ...

music that made me “feel” today ...

Don't let your struggle become your identity. After all, you are so much more than just your troubles.

DATE ___ / ___ / ______
Mo Tu We Th Fr Sa Su

I am grateful for ...

things that made me happy today ...

DATE ___ / ___ / ______
Mo Tu We Th Fr Sa Su

I am looking forward to ...

relaxing moments I had today ...

DATE ___/___/___
Mo Tu We Th Fr Sa Su

I am thankful for ...

an act of kindness that I witnessed or experienced...

DATE ___/___/___
Mo Tu We Th Fr Sa Su

I can improve on yesterday by ...

today's small victory was ...

DATE ___/___/___
Mo Tu We Th Fr Sa Su

I appreciate these people in my life ...

the most meaningful connection or interaction I had today ...

Always try to end the day with a positive thought. No matter how hard things are, tomorrow is a fresh opportunity to make everything better.

DATE ___ / ___ / ___

Mo Tu We Th Fr Sa Su

I am grateful for ...

today's act of self-care that I appreciated was ...

DATE ___ / ___ / ___

Mo Tu We Th Fr Sa Su

I am looking forward to ...

the highlight of my day was ...

DATE ____ / ____ / ______
Mo Tu We Th Fr Sa Su

I am thankful for ...

something beautiful I observed today was ...

DATE ____ / ____ / ______
Mo Tu We Th Fr Sa Su

I can improve on yesterday by ...

a kind word that made an impact on me today was ...

DATE ____ / ____ / ______
Mo Tu We Th Fr Sa Su

I appreciate these people in my life ...

a positive habit or behavior I exhibited today was ...

"Gratitude and attitude are not challenges; they are choices."

— Robert Braathe

DATE ___ / ___ / ___
Mo Tu We Th Fr Sa Su

I am grateful for ...

new thing I tried today ...

DATE ___ / ___ / ___
Mo Tu We Th Fr Sa Su

I am looking forward to ...

moment from today that I'd like to have again ...

DATE ___ / ___ / ___
Mo Tu We Th Fr Sa Su

I am thankful for ...

funny moments from today ...

DATE ___ / ___ / ___
Mo Tu We Th Fr Sa Su

I can improve on yesterday by ...

nice things I heard today ...

DATE ___ / ___ / ___
Mo Tu We Th Fr Sa Su

I appreciate these people in my life ...

people I am grateful for today ...

"The simple act of listening to someone and making them feel as if they have truly been heard is a most treasured gift."

— L. A. Villafane

DATE ___/___/___

Mo Tu We Th Fr Sa Su

I am grateful for ...

unique things about today ...

DATE ___/___/___

Mo Tu We Th Fr Sa Su

I am looking forward to ...

nice smells from today ...

DATE ___ / ___ / ___
Mo Tu We Th Fr Sa Su

I am thankful for ...

foods I enjoyed eating today ...

DATE ___ / ___ / ___
Mo Tu We Th Fr Sa Su

I can improve on yesterday by ...

things that made me feel good today ...

DATE ___ / ___ / ___
Mo Tu We Th Fr Sa Su

I appreciate these people in my life ...

moments that made me laugh today ...

. . . looking back over the last 30 days

0 1 2 3 4 5 6 7 8 9 10 On a scale of 0 to 10, rate your HAPPINESS for the past 30 days.
(circle one)

☐ I tried something new this month. ☐ I did not get angry this month. ☐ I did something for ME this month.

favorite moments ...

a moment of self care ...

what did I learn ...

a plan for the next month . . .

top three goals and priorities for the next 30 days ...

one thing to improve ...

looking forward to ...

You Can. End of story.

a promise to myself ...

Sunshine Thoughts

draw or doodle something that's on your mind!

"Keep your face always towards the sunshine, and shadows will fall behind you."

- Walt Whitman

"Embrace the glorious mess that you are."

— Elizabeth Gilbert

DATE ___ /___ /____
Mo Tu We Th Fr Sa Su

I am grateful for ...

moments that made me smile today ...

DATE ___ /___ /____
Mo Tu We Th Fr Sa Su

I am looking forward to ...

a good thing I did for someone else today ...

DATE ____ / ____ / ____
Mo Tu We Th Fr Sa Su

I am thankful for ...

I am proud of myself for ...

DATE ____ / ____ / ____
Mo Tu We Th Fr Sa Su

I can improve on yesterday by ...

people I loved talking to today ...

DATE ____ / ____ / ____
Mo Tu We Th Fr Sa Su

I appreciate these people in my life ...

things I did for “me” today ...

"You may not control all the events that happen to you, but you can decide not to be reduced by them."

— Maya Angelou

DATE ___ /___ /___
Mo Tu We Th Fr Sa Su

I am grateful for ...

moments that I appreciated today ...

DATE ___ /___ /___
Mo Tu We Th Fr Sa Su

I am looking forward to ...

a new thing that happened to me today ...

DATE ___ / ___ / ___
Mo Tu We Th Fr Sa Su

I am thankful for ...

something nice that somebody did for me today ...

DATE ___ / ___ / ___
Mo Tu We Th Fr Sa Su

I can improve on yesterday by ...

today, I demonstrated kindness by ...

DATE ___ / ___ / ___
Mo Tu We Th Fr Sa Su

I appreciate these people in my life ...

music that made me “feel” today ...

"I lie in bed at night, after ending my prayers with the words 'Ich danke dir für all das Gute und Liebe und Schöne.' (Thank you, God, for all that is good and dear and beautiful.)"

— Anne Frank

DATE ___/___/____
Mo Tu We Th Fr Sa Su

I am grateful for ...

things that made me happy today ...

DATE ___/___/____
Mo Tu We Th Fr Sa Su

I am looking forward to ...

relaxing moments I had today ...

DATE ____ / ____ / ____
Mo Tu We Th Fr Sa Su

I am thankful for ...

an act of kindness that I witnessed or experienced...

DATE ____ / ____ / ____
Mo Tu We Th Fr Sa Su

I can improve on yesterday by ...

today's small victory was ...

DATE ____ / ____ / ____
Mo Tu We Th Fr Sa Su

I appreciate these people in my life ...

the most meaningful connection or interaction I had today ...

"Feeling gratitude and not expressing it is like wrapping a present and not giving it"

— William Arthur Ward

DATE ____/____/________
Mo Tu We Th Fr Sa Su

I am grateful for ...

today's act of self-care that I appreciated was ...

DATE ____/____/________
Mo Tu We Th Fr Sa Su

I am grateful for ...

the highlight of my day was ...

DATE ____ / ____ / ____
Mo Tu We Th Fr Sa Su

I am thankful for ...

something beautiful I observed today was ...

DATE ____ / ____ / ____
Mo Tu We Th Fr Sa Su

I can improve on yesterday by ...

a kind word that made an impact on me today was ...

DATE ____ / ____ / ____
Mo Tu We Th Fr Sa Su

I appreciate these people in my life ...

a positive habit or behavior I exhibited today was ...

Do something today that your future self will thank you for.

DATE ___ / ___ / ___
Mo Tu We Th Fr Sa Su

I am grateful for ...

new thing I tried today ...

DATE ___ / ___ / ___
Mo Tu We Th Fr Sa Su

I am looking forward to ...

moment from today that I'd like to have again ...

DATE ____ /____ /______
Mo Tu We Th Fr Sa Su

I am thankfull for ...

funny moments from today ...

DATE ____ /____ /______
Mo Tu We Th Fr Sa Su

I can improve on yesterday by ...

nice things I heard today ...

DATE ____ /____ /______
Mo Tu We Th Fr Sa Su

I appreciate these people in my life ...

people I am grateful for today ...

"When you are grateful, fear disappears and abundance appears"

— Tony Robbins

DATE ___ /___ /___
Mo Tu We Th Fr Sa Su

I am grateful for ...

unique things about today ...

DATE ___ /___ /___
Mo Tu We Th Fr Sa Su

I am looking forward to ...

nice smells from today ...

DATE ____ / ____ / ____
Mo Tu We Th Fr Sa Su

I am thankful for ...

foods I enjoyed eating today ...

DATE ____ / ____ / ____
Mo Tu We Th Fr Sa Su

I can improve on yesterday by ...

things that made me feel good today ...

DATE ____ / ____ / ____
Mo Tu We Th Fr Sa Su

I appreciate these people in my life ...

moments that made me laugh today ...

. . . looking back over the last 30 days

0 1 2 3 4 5 6 7 8 9 10 On a scale of 0 to 10, rate your HAPPINESS for the past 30 days.
(circle one)

☐ I tried something new this month. ☐ I did not get angry this month. ☐ I did something for ME this month.

favorite moments ...

a moment of self care ...

what did I learn ...

a plan for the next month . . .

top three goals and priorities for the next 30 days ...

one thing to improve ...

looking forward to ...

Mindset
is
everything.

a promise to myself ...

Sunshine Thoughts

draw or doodle something that's on your mind!

"You don't always need a plan.
Sometimes you just need to breathe,
trust, let go, and see what happens."

- Mandy Hale

We can complain because
rose bushes have thorns,
or rejoice
because thorns have roses.

DATE ___/___/___
Mo Tu We Th Fr Sa Su

I am grateful for ...

moments that made me smile today ...

DATE ___/___/___
Mo Tu We Th Fr Sa Su

I am looking forward to ...

a good thing I did for someone else today ...

DATE ___ / ___ / ___
Mo Tu We Th Fr Sa Su

I am thankful for ...

I am proud of myself for ...

DATE ___ / ___ / ___
Mo Tu We Th Fr Sa Su

I can improve on yesterday by ...

people I loved talking to today ...

DATE ___ / ___ / ___
Mo Tu We Th Fr Sa Su

I appreciate these people in my life ...

things I did for "me" today ...

Perhaps the butterfly is proof that you can go through a great deal of darkness yet become something beautiful again

DATE ____ / ____ / ____
Mo Tu We Th Fr Sa Su

I am grateful for ...

moments that I appreciated today ...

DATE ____ / ____ / ____
Mo Tu We Th Fr Sa Su

I am looking forward to ...

a new thing that happened to me today ...

DATE ___ / ___ / ___
Mo Tu We Th Fr Sa Su

I am thankful for ...

something nice that somebody did for me today ...

DATE ___ / ___ / ___
Mo Tu We Th Fr Sa Su

I can improve on yesterday by ...

today, I demonstrated kindness by ...

DATE ___ / ___ / ___
Mo Tu We Th Fr Sa Su

I appreciate these people in my life ...

music that made me “feel” today ...

Never let someone who doesn't know your value tell you how much you're worth.

DATE ___ / ___ / ___

Mo Tu We Th Fr Sa Su

I am grateful for ...

things that made me happy today ...

DATE ___ / ___ / ___

Mo Tu We Th Fr Sa Su

I am looking forward to ...

relaxing moments I had today ...

DATE ___ / ___ / ___
Mo Tu We Th Fr Sa Su

I am thankful for ...

an act of kindness that I witnessed or experienced...

DATE ___ / ___ / ___
Mo Tu We Th Fr Sa Su

I can improve on yesterday by ...

today's small victory was ...

DATE ___ / ___ / ___
Mo Tu We Th Fr Sa Su

I appreciate these people in my life ...

the most meaningful connection or interaction I had today ...

Always look for something positive in each day ... even if some days you need to look a little harder than others.

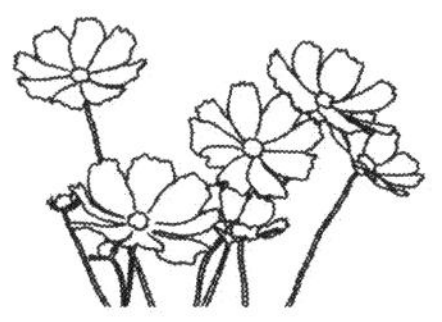

DATE ____ /____ /______
Mo Tu We Th Fr Sa Su

I am grateful for ...

today's act of self-care that I appreciated was ...

DATE ____ /____ /______
Mo Tu We Th Fr Sa Su

I am grateful for ...

the highlight of my day was ...

DATE ___ / ___ / ___
Mo Tu We Th Fr Sa Su

I am thankful for ...

something beautiful I observed today was ...

DATE ___ / ___ / ___
Mo Tu We Th Fr Sa Su

I can improve on yesterday by ...

a kind word that made an impact on me today was ...

DATE ___ / ___ / ___
Mo Tu We Th Fr Sa Su

I appreciate these people in my life ...

a positive habit or behavior I exhibited today was ...

I may not be where I want to be but I'm thankful for not being where I used to be.

DATE ___/___/______
Mo Tu We Th Fr Sa Su

I am grateful for ...

new thing I tried today ...

DATE ___/___/______
Mo Tu We Th Fr Sa Su

I am looking forward to ...

moment from today that I'd like to have again ...

DATE ___ / ___ / ___
Mo Tu We Th Fr Sa Su

I am thankful for ...

funny moments from today ...

DATE ___ / ___ / ___
Mo Tu We Th Fr Sa Su

I can improve on yesterday by ...

nice things I heard today ...

DATE ___ / ___ / ___
Mo Tu We Th Fr Sa Su

I appreciate these people in my life ...

great things I ate today ...

"If the only prayer you said was 'thank you', that would be enough"

— Meister Eckhart

DATE ___ / ___ / ___
Mo Tu We Th Fr Sa Su

I am grateful for ...

new thing I tried today ...

DATE ___ / ___ / ___
Mo Tu We Th Fr Sa Su

I am looking forward to ...

moment from today that I'd like to have again ...

DATE ___ / ___ / ___
Mo Tu We Th Fr Sa Su

I am thankful for ...

foods I enjoyed eating today ...

DATE ___ / ___ / ___
Mo Tu We Th Fr Sa Su

I can improve on yesterday by ...

things that made me feel good today ...

DATE ___ / ___ / ___
Mo Tu We Th Fr Sa Su

I appreciate these people in my life ...

moments that made me laugh today ...

. . . looking back over the last 30 days

0 1 2 3 4 5 6 7 8 9 10 On a scale of 0 to 10, rate your HAPPINESS for the past 30 days.
(circle one)

- [ ] I tried something new this month.
- [ ] I did not get angry this month.
- [ ] I did something for ME this month.

favorite moments ...

a moment of self care ...

what did I learn ...

a plan for the next month . . .

top three goals and priorities for the next 30 days ...

one thing to improve ...

looking forward to ...

Clear your mind of Can't.

a promise to myself ...

The journey to joy unfolds
through the gateway of gratitude.

Make a list of the people you are thankful for. This includes those you know personally and others who might have inspired you along the way.

What are the sources of joy and peace in your life? When you need an uplift in your mood, what activities or practices do you engage in to bring you tranquility?

List the small things in your daily life that you're thankful for, including those you might rarely think about or take for granted. This could be as simple as a warm cup of coffee in the morning, a brief moment of sunshine, or the soothing sound of rain. What are the little joys that brighten your day?

Pause for a moment and jot down the big moments in your life that mean a lot to you and that you're really thankful for. Think about the important times or experiences that have made a real difference in your life story.

Reflective Thoughts

draw or doodle something that's on your mind!

Thank You !!!

Thank you for buying the "Begin with Gratitude" journal! We are driven by a passion for crafting books that enhance and bring joy to people's lives, and we sincerely hope this journal achieves just that for you!

Your support means a lot to us, and we invite you to leave a review to help us continue creating content that resonates with you.

Other offerings from Phat Dad Publishing that you might love:

Five-Minute Prayer Journal (for Men):

Tailored with a masculine touch, this journal offers prayer prompts, reflective insights, and godly affirmations, providing a purposeful and convenient way for men to deepen their connection with God and navigate life's challenges with faith and resilience.

Five-Minute Prayer Journal (for Women):

Experience a deeper connection with your faith in just five minutes a day. This uniquely crafted journal offers prayer prompts, thoughtful reflections, and godly affirmations, providing a meaningful and convenient way for women to enhance their spiritual journey and cultivate a closer relationship with God.

Thankfulness Journal for Kids:

a delightful and interactive guide that encourages children to explore the power of gratitude in their daily lives. Filled with delightful prompts and engaging activities, this journal fosters a positive mindset and teaches young minds the joy of appreciating life's simple pleasures.

Self Discovery Journal (coming soon):

a blank canvas for your personal odyssey, offering a sacred space to delve into introspection, dreams, and the unfolding chapters of your inner world. With its pristine pages awaiting your thoughts, this diary beckons you to embark on a transformative journey of self-exploration and realization.

God's F Words

"God's F Words" is an inspiring exploration of eight key themes—Faith, Freedom, Family, Friendship, Fortitude, Fear, Failure, and Forgiveness—that guide readers toward a more fulfilling Christian life. Through personal stories and Biblical teachings, this book equips you with practical wisdom and insights to transform everyday challenges into opportunities for spiritual growth and deeper connection with God.

Made in United States
Troutdale, OR
12/21/2024

26954319R00060